Nathan THIERRY

Premiers pas vers l'aventure

Éditions Baudelaire

Envois de manuscrits :
Éditions Baudelaire – 27, place Bellecour – 69002 Lyon

PREMIERS PAS VERS L'AVENTURE

Remerciements sincères à tous mes professeurs qui m'ont tant appris

Sommaire

Personnages

<u>Moustache :</u> *Père de Soleil, de Bourgeon et d'Églantine, compagnon de Pluie.*

<u>Pluie :</u> *Mère de Soleil, de Bourgeon et d'Églantine, compagne de Moustache.*

<u>Ario :</u> *Père de Doucette, compagnon de Nuage*

<u>Nuage :</u> *Mère de Doucette, compagne d'Ario*

<u>Réglisse :</u> *Fils de Patt*

<u>Patt :</u> *Père de Réglisse*

<u>Chaussette :</u> *Ami de Moustache*

<u>Filou :</u> *Meilleur ami de Moustache*

<u>Perle :</u> *Compagne de Plip*

<u>Plip :</u> *Compagnon de Perle*

<u>Rocher :</u> *Chef des chats sauvages*

<u>Tachette :</u> *Chatte sauvage*

<u>Plume :</u> *Meilleure amie de Pâquerette*

<u>Pâquerette :</u> *Meilleure amie de Plume*

Question-Réponse

Moustache gambadait rapidement dans l'ombre, dans son sombre jardin fleuri de belles roses rouges. Soudain, une lumière attira son attention. Elle était là, sous un arbre, cette pierre si brillante dont tout le monde parlait. Elle n'était pas si impressionnante…, contrairement à ce que Filou lui avait dit. Elle était à peine plus grande que la patte de Perle. Il s'approcha lentement, jusqu'à ce qu'il soit assez proche pour la toucher, quand, tout à coup, un doux rayon de soleil réchauffa sa fourrure : il avait rêvé ! De toute façon, il lui avait bien semblé que cette pierre était moins scintillante que la sienne.

Moustache s'étira en bâillant et entendit un bruit familier qui le fit sursauter : derrière lui, Perle était en train de faire sa toilette à côté de Plip, un autre chat de la maison. Il lécha lui aussi sa fourrure tout ébouriffée par son rêve, puis se dirigea vers sa gamelle de croquettes. Mais, par malheur, elle était totalement vide, pas même une petite graine n'y subsistait ! De toute évidence, personne n'avait pensé à la lui remplir. Il décida alors d'aller raconter à Filou son étrange rêve à propos de cette même pierre brillante, si bien sûr, son camarade était chez lui. Après quelques petits pas rapides, il se retrouva devant la maison de son ami. Voyant que Filou n'était pas là, il attendit patiemment que son compagnon sorte.

Il était prêt à partir, lorsque, enfin, peu avant midi, il entendit des bruits de pas. Filou était finalement arrivé, et trottinait vers le grillage :

— Bonjour, Moustache, comment vas-tu et qu'est-ce qui t'amène chez moi ? demanda l'intéressé.

— Bonjour, Filou, je vais bien, merci…

— Mais, qu'est-ce qui t'amène ?! s'impatienta le jeune chat.

— Il se trouve que j'ai rêvé de la pierre dont tu m'as parlé.

— Et donc… s'impatienta encore le jeune mâle.

— Eh bien, je voulais juste en savoir un peu plus.

— Quoi ! Tu es venu jusqu'ici pour un rêve, s'exclama-t-il !

— Et bien, moi, je trouve que c'est utile d'avoir plus d'informations sur cette pierre, c'est pourquoi je suis venu ici même !

— Très bien, très bien. Je vais donc te raconter. Il y a quelques jours de cela, derrière l'ouverture dans le mur à côté de mon panier, j'ai aperçu une troupe de chats qui se baladaient autour de ton jardin. Ils étaient gigantesques, plus grands même que Toast.

— Plus grands que Toast, le chien des voisins ! Combien d'entre eux étaient plus grands que lui ? 1, 2, 3…

— Non. Tous. Ils tenaient chacun dans leurs pattes une pierre semblable à la tienne. Mais, alors qu'ils avançaient, ton maître est sorti dehors. Alors, ils ont tous été terrifiés et…

— Terrifiés par mon maître ! Mais mon maître ne ferait jamais de mal à un chat !

— Ne t'inquiète pas, ton maître n'a rien fait, le coupa-t-il. Ils se sont alors mis à courir dans tous les sens. C'est à ce moment-là que l'un d'eux a lâché la pierre étincelante. Alors, une vieille chatte a crié : « Repli ! » ; et ils ont disparu dans les broussailles, sans un bruit. Voilà, je t'ai tout raconté.

Moustache semblait bouleversé par cette découverte, même s'il savait bien que son ami avait quelque peu exagéré à certains passages. Après avoir salué Filou, il se retourna et se faufila doucement jusque chez lui, pensif. C'est alors qu'il entendit son maître l'appeler avec une gamelle pleine de croquettes. Il courut à pleine vitesse vers lui et dévora en quelques bouchées la moitié de la gamelle, à moitié pleine, à moitié vide maintenant. Il partit finalement vers son panier bien chaud pour faire une sieste bien méritée. Mais juste au moment où il allait s'endormir, il repensa aux chats terrifiants et terrifiés par son propre maître. Il espérait ne jamais avoir à être en face d'un de ces monstres, un jour.

La préparation

Cette nuit-là, Moustache ne dormit pas. Il pensait toujours à ces chats, si étranges. Au petit matin, il commença, comme à son habitude, par une rapide toilette matinale et un petit-déjeuner bien copieux. Encore tout engourdi, il décida de sortir dans son jardin, aujourd'hui ensoleillé, pour se dégourdir les jambes. Il avança lentement (à cause de sa fatigue), et décida de marquer son territoire au cas où ces chats, mentionnés par Filou décideraient de revenir. Non pas qu'il avait peur ou était terrifié, mais parce qu'il voulait affirmer son autorité.

Mais, au moment de marquer la deuxième clôture, la fatigue le rattrapa finalement. Moustache fut contraint de retourner chez lui faire une nouvelle sieste.

Mais, cette fois-ci, son sommeil fut très agité. En effet, il rêvait que ces énormes chats le poursuivaient et le rattrapaient tant bien que mal. Il se réveilla en sursaut à la fin de la matinée. Comme il n'était pas encore l'heure de déjeuner, il partit terminer le marquage de son territoire, commencé un peu plus tôt le même jour. Son travail enfin accompli, il s'en alla prendre son déjeuner : une soupe au poulet et un bol de croquettes.

Il se dépêcha de finir son repas pour se préparer à la visite de quelques chats du voisinage qu'il avait invités quelques jours auparavant. C'était l'occasion de discuter ensemble, d'échanger les dernières nouvelles et de débattre les problèmes de chacun. Moustache était impatient de ramener la pierre à la rencontre pour la montrer aux autres et leur expliquer comment il l'avait trouvée.

Il se mit en route pour le cabanon, à gauche de son territoire, pour y préparer une pile où il y déposerait quelques souris et peut-être un ou deux moineaux.

Il sortit ensuite de son abri et se cacha derrière les broussailles pour ne pas être vu au cas où une souris sortirait de son trou. Au bout de quelques longues minutes d'attente, il n'aperçut non pas une souris mais encore mieux : un moineau bien dodu. Il se mit dans la position du chasseur et sauta, pattes en avant, dans les airs. Cependant l'oiseau était plus rapide et il échappa à Moustache, qui le vit s'envoler, contrarié. Après son désastreux échec, il décida d'abandonner sa partie de chasse et d'aller plutôt faire une bonne toilette à l'intérieur. Il rentra par sa petite porte et sauta sur le canapé. C'est alors qu'il aperçut Perle, qui était toute seule. Il décida d'aller la voir, car elle semblait malheureuse :

— Tu as l'air triste, Perle, quelqu'un ou quelque chose t'a-t-il contrariée ? demanda-t-il à voix basse.

— Oui, Plip est parti rendre visite à Chaussette et du coup, je n'ai plus personne pour me tenir compagnie ! se lamenta-t-elle.

— Si tu veux, tu peux m'aider à préparer la rencontre de ce soir.

— C'est vrai ?

— Bien sûr. Tu aurais pu me le demander ; j'aurais accepté.

Ils finirent juste à temps les préparatifs, car peu après, Filou et Plip, les premiers arrivés, commençaient déjà à s'impatienter dans le jardin. Peu après, Nuage, Ario et leur fille, Doucette, arrivèrent, en compagnie de Chaussette et de Réglisse, suivis de près par Plume et Pâquerette.

Tout était prêt et tout le monde était présent ; ils allaient pouvoir commencer.

Une réunion spéciale

Après avoir salué tous ses invités, Moustache les fit asseoir sur une rangée de palettes en bois à côté de la structure appelée « cabanon ». Comme tout le monde était visiblement prêt, il commença :

— Bonsoir, chers invités, je nous ai réunis exceptionnellement ce soir pour que nous partagions nos dernières nouvelles, et que nous discutions des problèmes de chacun. Qui veut commencer ? demanda-t-il ensuite.

— Puis-je prendre la parole en premier ? demanda poliment Chaussette.

— Bien sûr, Chaussette ; dis-nous quels sont les points que tu souhaites aborder ?

— Eh bien, en fait, chaque soir, chez moi, dans mon jardin…

— Oh ! Mais qu'est-ce qui se passe dans ton jardin ? ! le coupa Filou.

— Eh bien, j'entends des bruits.

— Des bruits ! le coupa encore Filou, exaspéré.

— J'aimerais bien qu'on prenne mes problèmes au sérieux, merci ! rétorqua Chaussette, contrarié.

— Taisez-vous ! les coupa Ario. Moi, j'ai une meilleure idée. Et si, au lieu de nous disputer, nous faisions de petits groupes. Ainsi nous pourrions dialoguer plus calmement.

— Il n'a pas tort, chuchota Pâquerette à l'oreille de Plume.

— C'est vrai que ce n'est pas une mauvaise idée, s'exclama Plume un peu plus fort.

— Est-ce que tout le monde est d'accord ? demanda Moustache.
— Oui ! Bien sûr ! miaula Nuage, enthousiaste.

Alors, le calme revint. Ne voyant plus personne se disputer, Moustache décida de rejoindre le groupe composé de Nuage, Ario et Réglisse, l'aîné.

Il écouta attentivement tous les chats et proposa une solution à presque tout le monde.

Mais, la nuit était proche, à présent. Tous les participants allaient bientôt devoir partir. C'est à ce moment-là que Réglisse, le félin le plus respecté du quartier, se faufila au milieu des autres et lui proposa, dans la plus grande discrétion, une entrevue le lendemain matin. Il lui déclara qu'il avait une multitude de choses à lui dévoiler à propos de cette pierre brillante. Moustache était stupéfait qu'il connaisse l'existence de cette pierre, alors qu'il ne l'avait jamais vue :

— Mais comment sais-tu que j'ai une pierre brillante ? le questionna-t-il.
— Filou m'a expliqué que tu possédais une pierre étincelante que tu avais trouvée dans ton jardin. Il m'a également raconté comment elle avait atterri là. Tu sais, j'en sais beaucoup plus que lui sur cette pierre, car je l'ai déjà vue.
— Tu l'as déjà vue ! s'exclama alors le jeune chat. Pourrais-tu me montrer l'endroit où tu l'as aperçue, un de ces jours ? lui demanda Moustache.
— Si tu veux, je te le montrerai demain matin ; je te donne rendez-vous à l'aube.

Après avoir remercié tous ses invités de leur présence, Moustache rentra dans sa demeure tout excité à l'idée de voir Réglisse à l'aube. Mais, soudain, il fut frappé par le doute et la terreur. Et si Réglisse était un des chats mentionnés par Filou ? Cependant, il chassa cette pensée de son esprit et alla se coucher dans son doux panier pour une courte nuit.

Le chemin des secrets

Il faisait sombre lorsque Moustache se réveilla en sursaut. Sa nuit avait été perturbée par différents rêves plus étranges les uns que les autres. Il s'étira, et voyant qu'il faisait encore nuit, s'allongea de nouveau sur le canapé. Mais soudain, il se souvint de son rendez-vous avec Réglisse fixé à l'aube. Le jeune chat se mit donc sur ses pattes, et fonça à pleine vitesse vers sa petite porte blanche. Mais aussitôt, il sentit que quelque chose le retenait. Il se retourna, et se retrouva nez à nez avec Plip, qui semblait terrifié :

— Que se passe-t-il, Plip ? Pourquoi sembles-tu si apeuré ? demanda calmement Moustache.

— J'ai entendu un bruit qui venait de l'extérieur. Il ressemblait au miaulement d'un chat, mais, ce n'était ni celui de Perle, ni le tien.

— Ne t'inquiète pas Plip. C'était sûrement celui de Réglisse. Il m'a annoncé qu'il voulait me voir aujourd'hui. D'ailleurs, je vais devoir y aller. Je te dis à tout à l'heure, et si tu entends d'autres bruits, parles-en à Perle, déclara Moustache d'une voix solennelle, car il voulait se préparer à dialoguer avec Réglisse, son aîné.

Moustache avait justement aperçu le vieux matou, à l'autre bout de son territoire. Il passa par sa porte, et se retrouva dans le jardin. Le jeune chat se dirigea vers Réglisse et lui souhaita la bienvenue sur son domaine. Ensuite, l'aîné marcha doucement vers la clôture la plus haute et s'arrêta :

— Moustache, tu voulais que je t'amène là où j'ai trouvé la pierre, n'est-ce pas ? demanda le chat à voix basse.
— Effectivement, répondit poliment Moustache.
— Alors suis-moi.

Ils passèrent par le trou dans la clôture qui menait au jardin de Filou, sautèrent par-dessus le grillage et se retrouvèrent finalement sur un terrain découvert. Réglisse prit ensuite le chemin menant vers la forêt. Moustache était contraint de suivre le vieux chat uniquement grâce à son flair. En effet, il ne voyait plus rien. Soudain, Moustache sentit sous ses pattes de doux galets lisses. « Comme c'est étrange, pensa-t-il. » Il avait de quoi douter. Il ne sentait pas une seule petite gouttelette d'eau. C'était normal, il n'y avait pas de rivière par ici. Alors, comment justifier la présence de ces galets ? Ça, il ne pouvait l'expliquer. Soudain, une petite lumière lui éblouit les yeux. Cependant, il ne s'arrêta pas, de peur de se faire distancer. Mais après seulement quelques mètres, il percuta un obstacle. Son cœur s'affola à toute vitesse dans sa poitrine. Était-ce un de ces chats gigantesques ? Il soupira de soulagement en entendant la voix de Réglisse :

— Voilà, nous sommes arrivés. Descends juste le ravin et tu constateras par toi-même, dit-il à Moustache.

Moustache descendit lentement le ravin, sous les conseils de son aîné, pour éviter de tomber. Une fois en bas, il décela quelques lumières allumées.

— Regarde le sol, lui dit le chat.

Moustache l'examina et se rendit compte qu'il était parsemé de pierres gigantesques. Mais elles ne ressemblaient en rien à la sienne. Elles étaient beaucoup, beaucoup plus grandes et moins brillantes. Il se décida finalement à questionner Réglisse :

— Réglisse, comment se fait-il qu'elles soient si imposantes par rapport à la mienne ? demanda le jeune chat.

— C'est totalement normal, répondit l'aîné. Une fois déposées dans un endroit humide, elles commencent à grandir, et, avec le parfum de différentes variétés de plantes, elles commencent à scintiller, mais, vu qu'il n'y a que des rocs et des pierres ici…

Il disait vrai, les pierres qui parsemaient le sol de cette clairière en contrebas du ravin étaient parfaitement sombres, pas du tout dorées. En plus de cela, certaines étaient marquées par quelques coups de griffes. Soudain, il fut vraiment terrifié. Il était fort possible que ce soit un de ces chats effrayants qui avait marqué cette pierre. De plus, il soupçonnait Réglisse d'en faire partie. Il décida donc de le mettre à l'épreuve immédiatement :

— Dis-moi Réglisse ; comment as-tu découvert cet endroit ? l'interrogea-t-il calmement.

— Il y a très longtemps, quand tu n'étais pas encore né, ma mère m'emmenait souvent ici pour que je puisse jouer sans rien casser ni détruire. Elle apportait toujours avec elle quelques petites pierres brillantes de son jardin. Un jour de printemps, comme à notre habitude, nous attendions que la pluie cesse de tomber pour aller nous amuser dans cette clairière. Ma mère aperçut alors une pierre semblable à celles qui étaient dans son jardin, même si elle n'était pas aussi scintillante ; et c'est comme ça qu'elle a découvert le secret de cette pierre. Mais après quelques jours seulement, elle remarqua que d'autres chats, gigantesques, venaient dans cet endroit. Et, depuis ce jour, je ne suis plus jamais retourné ici jusqu'à aujourd'hui, expliqua le vieux chat.

Moustache était soulagé. Il était quasiment sûr que Réglisse n'était pas un monstre à quatre pattes. À présent, le soleil commençait à se lever. Son aîné l'invita alors à rentrer chez lui, car le matin approchait. Le félin allait enfin pouvoir prendre son petit-déjeuner. En compagnie du vieux matou, il emprunta le chemin menant vers la campagne, puis sauta par-dessus le grillage qui séparait la maison de Filou de la rue. Il passa ensuite par le trou de la clôture qui séparait le territoire de son ami du sien et arriva finalement dans son jardin. Le jeune chat salua son aîné et partit en trottinant vers sa petite porte. Il se dirigea ensuite vers sa gamelle où il dévora en quelques bouchées toutes ses friandises succulentes. Puis, il s'allongea sur le canapé pour sa toilette matinale à côté de Plip et de Perle. Moustache se lova enfin dans son lit afin de faire une sieste bien plus longue que sa nuit.

Une mystérieuse rencontre

Moustache se réveilla en plein milieu de l'après-midi. En effet, sa sieste avait été plus longue que prévu à cause de son manque de sommeil. Il avait également très faim. Après tout, c'était normal. Il n'avait rien mangé depuis le début de la matinée. Il se dirigea vers sa gamelle, se doutant qu'elle était pleine. Mais en s'approchant, il vit qu'elle était vide, et, ce n'était pas la première fois… Il renifla l'objet. Cependant, il ne sentit rien, excepté l'odeur de l'eau et du liquide vaisselle.

Il retourna donc sur le canapé pour faire une toilette, comme à son habitude. C'est alors qu'il entendit Plip et Perle, qui se chamaillaient. Il décida de leur poser quelques questions à propos de sa gamelle, car, contrairement à lui, ils s'étaient réveillés dans la matinée, et n'avaient pas fait de sieste, du moins, pour le moment :

— Plip, sais-tu pourquoi ma gamelle est vide ? demanda le jeune chat.

— Aucune idée. Comment veux-tu que je le sache ? répondit son colocataire en bougonnant.

— Et toi Perle ? questionna-t-il la chatte couleur crème.

— Notre maître est parti ; et donc nous n'avons plus rien à manger, répondit la chatte en fixant Plip, avec ses yeux bleus, comme si elle était contrariée.

Moustache était soulagé. En attendant le retour de son propriétaire, il décida d'aller faire une inspection de son territoire. Alors, quelle ne fut sa surprise quand en fouillant le cabanon, il y découvrit un vieux chat, en piteux état :

— Bonjour, dit-il, intrigué.
— Bonjour, répondit le vieux chat, en le fixant de son regard vert vipère.
— Que fais-tu ici ? s'enquit ensuite Moustache.
— Je suis venu te parler, déclara l'étrange créature.

Décidément, le jeune animal aurait tout vu. Tout d'abord, une pierre brillante, ensuite le chat le plus respecté du quartier, et maintenant, un vieux chat qui voulait lui parler. Il décida tout de même de rester pour l'écouter, et, peut-être obtenir des informations sur le caillou qu'il possédait.

— Je suis venu te parler de ces chats qui rôdent dans ton jardin, continua l'aîné.
— Comment connais-tu l'existence de ces monstres ? l'interrogea Moustache, perplexe.
— C'est un secret, répondit le vieil animal.
— Peux-tu continuer ? demanda ensuite Moustache, qui imitait presque à présent l'impatience de Filou.
— Alors je disais... Ah oui ! C'est vrai. Ces chats sont très dangereux...
— Je le sais, merci bien, le coupa notre petit matou.
— C'est pourquoi il faut que tu partes d'ici, expliqua calmement le vieux matou, qui semblait ne pas avoir entendu le ton exaspéré du jeune animal.
— Que je parte ?! s'étonna Moustache, à la fois choqué et amusé.
— Oui, exactement, répondit son aîné, toujours aussi sérieux.
— Que je parte tout seul ?! Et les autres alors, comment feront-ils ? s'exclama le jeune chat, qui commençait à écouter son aîné.

— Non, pas tout seul ! Qu'est-ce que tu racontes ? Avec tous les chats du quartier, bien entendu, répondit le vieux minou.

— Et, tout d'abord, pourquoi devrais-je partir ? Je ne peux pas faire confiance à n'importe qui, tout de même ! se méfia Moustache, même s'il était maintenant absorbé par la conversation.

— Ne t'inquiète pas, je m'appelle Patt. Je suis le père de Réglisse.

— Allons chez lui, alors, dit le jeune chat. Lui, il me confirmera si tu es bien son père ! s'écria Moustache, en reprenant ses esprits.

— Eh bien, allons-y, dit Patt, amusé.

Lorsqu'ils arrivèrent chez Réglisse, celui-ci était assis sur la clôture. Quand il aperçut son père, il s'exclama :

— Bonjour, père, comment vas-tu, demanda-t-il d'une voix concernée ?

— Tu vois, dit doucement Patt à Moustache.

— Et bonjour à toi aussi, Moustache.

Cette fois-ci, le jeune chat était convaincu. Réglisse était bien trop sage pour pouvoir mentir au sujet de l'identité du chat qu'il avait rencontré. Patt était donc bien le père de Réglisse. Mais Moustache interrogea tout de même l'aîné :

— Bonjour, Réglisse. Je voulais te poser une question.

— Vas-y, dit-il.

— Eh bien, ton « père » m'a dit que je devais quitter le quartier, expliqua Moustache.

— Si mon père te dit quelque chose, il faut que tu l'écoutes, Moustache. Il ne ment jamais et tu ne peux même pas imaginer combien de choses il peut t'apprendre, répondit Réglisse, d'une voix ferme, et assurée.

— Alors, il faut vraiment que je quitte mon territoire ?

— Oui, il le faut absolument. Pas seulement pour toi, mais pour nous tous. J'irai dès ce soir annoncer la nouvelle aux autres, confirma son aîné.

Le jeune animal était soulagé, il prit donc le chemin en direction de sa maison et une fois arrivé sur place, passa par sa petite porte blanche. À l'intérieur, il vit que sa gamelle était pleine : son maître était revenu. Il prit délicatement une friandise, puis, une autre, et enfin une dernière. En effet, même s'il était rassuré de ne pas avoir à voyager seul, cette discussion lui avait coupé l'appétit. La nuit n'était plus très loin et il décida d'aller se coucher près de Plip et de Perle, qui ne dormaient pas encore. Les jours qui allaient suivre seraient d'une très haute importance : ils allaient décider de l'avenir du quartier et de ses habitants à quatre pattes.

Informations hors chapitres

Le lendemain de son entrevue avec Patt et Réglisse, Moustache partit avec ces derniers annoncer la nouvelle excitante à tous les chats du quartier : ils allaient enfin se diriger vers leur nouveau foyer ! Ils fixèrent le rendez-vous du départ à l'aube. Peu après avoir informé tous les chats, Patt expliqua à Moustache qu'il connaissait un endroit où ils pourraient habiter. Le vieux matou mémorisa ensuite l'itinéraire et le soir tomba sur le quartier.

Départ imminent !

Moustache se réveilla très tôt ce matin-là. En effet, l'aube commençait à peine à pointer le bout de son nez. Il n'était pas encore l'heure de faire sa toilette matinale habituelle. Il prit la direction de la chambre de son maître où étaient stockées ses croquettes préférées. Mais, malheureusement, la boîte qui les contenait était fermée. Décidemment, cela commençait à devenir une habitude.

Il redescendit l'escalier et se retrouva dans le sombre couloir. Il trottina ensuite vers le canapé pour annoncer la fameuse nouvelle à Plip et à Perle. En effet, ils étaient les seuls du quartier à ignorer qu'ils quittaient tous leur territoire. Il réveilla seulement Perle car il savait déjà que Plip ne l'écouterait pas. En revanche, le matou écouterait sûrement sa camarade :

— Perle, réveille-toi ! chuchota Moustache à l'oreille de la jeune chatte.

— Que se passe-t-il, Moustache ? Il est encore très tôt ! lui lança Perle.

— Dis à Plip que nous partons !

— Que nous partons ? s'étonna la chatte, abasourdie.

— Oui, nous partons ! Vous êtes les seuls à ne pas le savoir dans tout le quartier, répéta sérieusement Moustache.

— Mais où allons-nous ; es-tu devenu fou !? s'exclama-t-elle, perplexe et affolée.

— Personne ne le sait…, sauf Patt.

— Qui est ce Patt ?

— Je n'ai pas le temps de te l'expliquer ! Il faut nous dépêcher, lui dit-il sèchement.

— Haa, très bien ; il faut juste que je prenne quelques croquettes avant de partir et…

— Nous n'avons pas le temps ; préviens juste Plip que nous partons immédiatement, lui dit-il, plus calmement.

Perle réveilla donc Plip, qui ne ronchonna pas, cette fois-ci. Ils se mirent tous sur leurs pattes et passèrent par leur petite porte blanche. Une fois dans le jardin, Moustache ramassa la petite pierre brillante pour la prendre avec lui au cas où il en aurait besoin. De plus, lors de la visite de ses meilleurs amis, il avait oublié de la montrer. Ils se dirigèrent ensuite vers la première clôture, sautèrent par-dessus et arrivèrent dans la rue. Tous les chats les y attendaient. Pas un seul ne manquait à l'appel. Alors, le chat le plus respecté du quartier, Réglisse, donna le signal du départ. Des pas et des petits bruits se mirent alors à résonner :

— Silence ! ordonna Patt.

Tous se turent soudainement. Patt passa devant Réglisse et dévia de son itinéraire, que lui seul connaissait, pour se mettre à l'abri, dans les broussailles. Il attendit que tout le monde arrivât et dit enfin :

— Nous devons tous nous taire, ordonna-t-il. Personne ne doit savoir que nous sommes partis. Nous devons aussi être discrets car personne ne doit nous voir ! Est-ce clair ? demanda-t-il enfin.

— Oui, répondirent tous les chats à voix basse.

— Alors, allons-y, dit-il.

Tous les chats du quartier se mirent en file indienne et suivirent Patt qui avait pris les devants. Ils allaient enfin partir pour leur nouveau territoire.

Le chien de la peur

Après avoir marché des jours et des jours en terrain découvert et sous la pluie, la petite troupe arriva finalement au bord d'une sombre grotte. À l'extérieur, on pouvait y voir une multitude de feuilles, éparpillées un peu partout, et quelques ronces. Pour Moustache, cette répartition d'objets semblait évidente : quelqu'un avait aménagé cet endroit pour que personne ne puisse entrer. Quoi qu'il arrive, il ne voulait surtout pas y pénétrer. Cet endroit lui faisait peur. En effet, depuis quelque temps, il pensait que les chats gigantesques, mentionnés par Filou, puis, par Patt, le guettaient. Il avait donc peur que ces horribles animaux ne se cachent derrière les parois de cette grotte, prêts à l'attaquer. Il se réfugia alors à l'arrière du groupe, pour se sentir en sécurité, au cas où ces monstres l'agresseraient. Puis, voyant que les autres commençaient à pousser les ronces pour pouvoir entrer dans la grotte, il partit se cacher dans les feuilles (car personne ne les ramassait), pour qu'on ne le remarque pas. Cependant, en y réfléchissant à deux fois, il se rendit compte qu'il ne voulait pas passer pour une poule mouillée, et décida de sortir de sa cachette, pour enlever quelques ronces piquantes. Mais au moment où il allait en attraper une, retentit un bruit assourdissant :

— Ouah ! Ouah ! Ouah !
— Un chien ! Courez ! s'écria Patt.

L'animal déboula hors de la grotte. Il se mit à aboyer et à courir dans tous les sens. C'est alors que Moustache remarqua une autre forme dans la grotte : un homme courait, en hurlant après le chien. En arrivant dans la clairière, il s'écria :

— Noisette ! Reviens ici tout de suite ! la prévint-il.

C'était sûrement son maître, devina Moustache ; et ce n'était pas un chien, mais une chienne. Pendant ce temps, Noisette n'en faisait toujours qu'à sa tête. Elle ne semblait même pas entendre son maître. C'est alors qu'elle dévia de sa trajectoire : elle se dirigeait droit vers le buisson où le jeune chat s'était réfugié !

Moustache ne savait plus quoi faire. Certains de ses camarades lui faisaient des signes, tandis que d'autres étaient terrorisés. Quant à lui, il était paniqué : il réfléchissait à toute vitesse, pendant que la chienne se rapprochait de plus en plus. Il devait pourtant se décider. Sans réfléchir, il courut hors du buisson, poussant tout sur son passage, et écrasant des plantes fanées. Malheureusement, Noisette courait toujours après lui. Puisant dans ses dernières ressources, il fonça vers l'arbre le plus proche, et y grimpa, pour essayer d'échapper à la chienne. Le jeune chat avait vu juste : l'animal aboyait au pied de l'arbre sans pouvoir y monter. C'est alors que son maître arriva par-derrière et attrapa la créature, qui se débattit dans tous les sens. Ensuite, il monta dans une voiture, alluma le moteur, et démarra.

Mais peu après son départ, un nuage de fumée noire s'éleva dans le ciel, suivi par un énorme bruit. Les parois de la grotte commençaient à se briser ! Et pour ne rien arranger, Noisette s'était échappée par la vitre ouverte à l'avant du véhicule, et courait droit dans leur direction. Mais, au moment où elle allait attaquer les chats, la chienne sembla remarquer une chose terrifiante. Ce ne pouvait être la fumée car elle avait disparu, ni le bruit, parce qu'il s'était tu. Alors, qu'est-ce qui avait bien pu terrifier Noisette ? Il se retourna, mais ne vit rien. Mais, même s'il n'avait rien aperçu, il savait qu'une chose effrayante rôdait dans les parages. Cela, il le pressentait depuis leur arrivée sur ces terres inconnues. Et malheureusement, elle risquait bien de leur causer du tort.

Une quête de plus en plus étrange

Patt réfléchissait devant l'entrée de la grotte, effondré et dépité. Quant à Réglisse, il discutait avec Ario et Nuage de leur longue traversée. Moustache, lui, ne savait pas trop quoi faire : il s'ennuyait. D'ailleurs, comment pouvait-il s'occuper ? Il ne pensait qu'à une seule chose : quitter cet endroit au plus vite. Le jeune félin se dirigea vers Patt, car seul le vieil animal prenait des décisions. C'était plus ou moins le chef temporaire du quartier, du moins, pendant la traversée. Moustache se demandait tout de même pourquoi ses compagnons respectaient le matou, alors qu'il était arrivé bien après eux ; pour ne pas dire ce mois-ci. En arrivant devant les roches brisées, le jeune chat entendit la voix du vieux félin. Il l'appelait :

— Bonjour, Moustache, dit Patt, fatigué d'avoir réfléchi tout l'après-midi à ce qu'il pouvait faire pour arranger la situation.

— Bonsoir, Patt, répondit le jeune chat de la même manière que son aîné.

— J'imagine que tu souhaites me dire quelque chose, n'est-ce pas ? l'interrogea calmement le matou.

— Effectivement, répondit le félin, à voix basse.

— Je t'écoute, alors.

— Je pense que nous devrions quitter cet endroit tant qu'il est encore possible, répondit Moustache, en chuchotant.

— Et pourquoi ? demanda Patt, sur ses gardes.

— Une chose effrayante rôde sur ce territoire ; j'en suis sûr, se confia l'aventurier.

— Noisette ?! Elle n'est pas dangereuse, elle veut juste jouer, dit le vieux félin, amusé.
— Non, pas Noisette. Une autre créature, beaucoup plus grande et terrifiante !

Patt commença à réfléchir. C'était seulement à ce moment-là qu'il prenait Moustache au sérieux ! Le jeune animal était outré. Le vieux chat n'avait-il donc rien compris à cela ?! À présent, c'était un scandale. S'ils ne partaient pas sur-le-champ, ils allaient sûrement tous devoir se battre contre ce monstre ! Il y aurait certainement des blessés, voire pire, des morts. Son aîné se décida enfin. Il demanda à tous de se rassembler pour connaître leur avis sur le sujet :

— Mes chers compagnons, suite à ma discussion avec Moustache, j'ai une chose à vous annoncer.
— Dépêche-toi, alors ! le coupa Filou qui commençait déjà à s'impatienter.
— Selon votre jeune camarade, une chose terrifiante rôde par ici ! déclara Patt.

Les miaulements de tous les chats résonnèrent dans la clairière, pendant un long moment. Lorsque l'assemblée se tut, Moustache prit la parole. Il expliqua rapidement la situation, juste pour que tout le monde comprenne. Les félins étaient sous le choc. Ils étaient comme tétanisés. Le jeune chat était désespéré. Ne comprenaient-ils donc rien ? Cependant, après quelques secondes, Ario s'exclama tout de même :

— Écoutez-moi ! Nous sommes en danger, le comprenez-vous ? interrogea-t-il le groupe.

Mais personne ne lui répondit. Moustache commençait une nouvelle fois à perdre patience. Personne, sauf lui et Ario, ne comprenait qu'ils couraient un grave danger ! Mais, contre toute attente, Patt s'écria enfin :

— Nous devons partir immédiatement.

Les chats obéirent aussitôt. Moustache était soulagé. Mais, était-ce de la peur que le jeune félin avait senti chez Patt. Ils seraient bientôt sortis d'affaire. Le vieux meneur reprit les devants, mais cette fois-ci, en compagnie de Réglisse. Les félins, eux, se mirent par petits groupes, pour se réchauffer. Puis, la petite troupe commença à avancer. Ils allaient pouvoir continuer leur trajet jusqu'à l'endroit où ils pourraient établir leur domicile. Le danger était presque écarté, tandis que le soir commençait à s'effacer, et la nuit à s'installer. Alors, Patt pressa le pas, et annonça en s'asseyant :

— Nous devons accélérer, dit-il.
— Pourquoi, le coupa Doucette, d'un ton provocateur.

Aussitôt, sa mère la fit taire, d'un mouvement sec de la queue. Elle fit signe au vieux matou qu'il pouvait continuer. Patt poursuivit alors :

— Je disais donc que nous devions presser le pas. Nous devons, en effet, trouver un abri pour la nuit. Alors, dépêchez-vous, dit-il en regardant la troupe, d'un ton à la fois sévère, mais en même temps déterminé.

Puis, il se releva, se mit sur ses pattes, et avança, d'un pas rapide. Après quelques longues heures, ils arrivèrent au bord d'un ravin. Si au fond ils ne trouvaient qu'une clairière ordinaire, ils devraient dormir sur de l'herbe humide. Moustache descendit la vallée en premier, suivi de près par tous ses camarades. En posant une patte, il eut une impression étrange. La clairière de cette gorge était particulière.

Lorsqu'il fut au milieu de cet endroit, une lumière l'éclaira. Il y avait une multitude de petites tanières ! Il regarda partout, pour essayer de voir d'où venait cette lumière étincelante. Le jeune chat découvrit alors qu'elle provenait du haut de la tanière qui se trouvait au milieu des autres. Il flaira l'air. Personne n'était jamais entré dans ces grottes. Il flaira même l'odeur de la mousse fraîche ! Comme c'est étrange, pensa-t-il. Cette clairière était vraiment spéciale. Il avait l'impression que cet endroit, lui aussi, était aménagé ! Comme le précédant lieu, qui, malheureusement, s'était effondré. Était-ce lié à la pierre luisante ? Mais, il était bien trop fatigué pour se poser des questions, qui n'avaient peut-être aucune réponse. Il se coucha dans la troisième tanière, et s'endormit rapidement.

La révélation de Patt

Au lever du jour, Moustache commençait à se réveiller dans sa sombre tanière. Quand il fut totalement remis de son sommeil, il se leva. Le jeune chat imaginait que presque tous ses compagnons étaient sur leurs pattes. Alors, quelle ne fut sa surprise quand il ne découvrit que Patt, qui était au centre de la clairière. Ce dernier lui fit signe de s'approcher. Il se dirigea vers son camarade, et s'assit :

— Bonjour, Moustache, le salua le félin.

— Bonjour, Patt, lui répondit Moustache, tout excité.

— Je veux te parler, lui déclara subitement son aîné, après quelques secondes.

— De quoi s'agit-il ? demanda Moustache, étonné.

— Te parler de notre première rencontre.

— Mais, c'était il y a quelques semaines seulement ! Et, en plus, j'ai tout vu et tout entendu ! s'exclama Moustache, qui ne voulait pas perdre son temps.

— Oui, mais tu ne sais pas tout ! répondit Patt, en insistant.

— Qu'est-ce que tu racontes ! miaula calmement le jeune animal, qui savait très bien que rien ne lui avait échappé pendant l'apparition de son aîné.

— Écoute-moi ! répondit sèchement le vieux chat, à la grande surprise de Moustache.

— D'accord, c'est bon, j'ouvre mes oreilles.

— Je t'avais expliqué que je ne pouvais pas te dire comment je connaissais ces chats sauvages, n'est-ce pas ?

— Oui, effectivement, répondit rapidement Moustache, qui voulait que son aîné continue.
— Eh bien, je pense que je vais quand même te raconter. Enfin, si tu veux bien, bien sûr.

Moustache n'en revenait pas. Patt voulait lui dévoiler son secret ! Comment pouvait-il refuser cette proposition ? :

— Je le veux absolument, répondit le jeune chat, enthousiaste. Raconte-moi, s'il te plaît !
— Très bien. Il y a très, très longtemps, quand Réglisse n'était encore qu'un petit chaton, son frère et lui jouaient souvent à se disputer. Mais, malheureusement, un jour, ton aîné fit mal à son frère. Celui-ci, bien des années plus tard, se fâcha contre Réglisse, et lui rappela le jour où il lui avait fait une toute petite entaille dans son oreille gauche. Il précisa ensuite qu'il allait partir se trouver de nouveaux amis. Bien plus tard, ton aîné et moi avons su qu'il avait fondé un groupe de chats terrifiants, avec des coutumes qu'il avait inventées. Voilà comment je connais l'existence de ces chats ; car leur chef est mon deuxième fils.

Moustache avait enfin compris : Patt connaissait les sauvages puisque le frère de Réglisse en faisait partie. Le jeune animal éprouva soudain de la peine pour le vieux matou. Il avait rencontré bien des épreuves difficiles durant sa longue vie.

Après l'avoir salué, le félin rentra dans sa tanière. Mais, en regardant partout, il remarqua que deux souris avaient été déposées au fond de sa couchette. De plus, sa mousse avait été changée. Il fonça vers la tanière la plus proche où Réglisse se reposait. Rien n'avait bougé ! Pourtant, son aîné s'était déjà levé et discutait à présent avec Patt, son père. Il courut ensuite vers la tanière suivante, qui était celle d'Ario. Il en était de même pour celle-ci ! Et Ario, lui aussi, était réveillé ; il discutait avec Nuage. Moustache baissa finalement les bras. Il devina que les autres tanières devaient être comme celles des deux chats, et donc, qu'elles n'avaient pas été changées. Mais, pourquoi lui seul avait reçu son petit-déjeuner et une mousse fraîche ce matin-là ? Alors que, hier, ils avaient tous eu la même grotte, avec les mêmes affaires. Quoi qu'il en soit, il devait découvrir ce qui se passait, car, depuis leur départ, tout lui semblait vraiment très confus, et cette satanée pierre était de plus en plus étrange.

Le songe qui change tout

Midi venu, Moustache n’avait toujours pas faim : les révélations de Patt lui avaient complètement coupé l’appétit. Il partit faire une sieste dans sa tanière.

Le sommeil vint après seulement quelques petites minutes d’attente. Le jeune félin rêvait qu’il était au bord d’un cours d’eau. Il n’était pas très profond. En effet, l’animal sentait des galets sous ses pieds. En s’aventurant plus loin, il se rendit compte que l’un d’eux était plus grand que les autres. Mais, vraiment beaucoup, beaucoup plus grand. Il l’observa de plus près, et remarqua qu’il scintillait. De plus, il distingua une trace. Cette pierre ressemblait exactement à la sienne ! Et peu après, il comprit où il se trouvait. C’était son ancien territoire ! Moustache découvrit alors une rivière, qui ne se trouvait pas là, du moins, auparavant. Cependant, il se souvint des galets qu’il avait sentis quand Réglisse l’avait emmené dans la clairière. Ensuite, il se concentra sur la pierre et posa sa griffe à l’endroit de la trace. Soudain, une lumière l’éclaira. Elle était tellement vive que Moustache dut tourner un instant la tête. Alors, il découvrit un lieu qu’il n’avait jamais vu auparavant. Cette pierre luisante était incroyable : elle l’avait comme téléporté ! Ce n’était pas seulement la sienne, mais tous ces « bijoux » possédaient des pouvoirs tellement incroyables. Mais, se reconcentrant sur le paysage, le jeune chat annonça :

— Cet endroit a vraiment changé, si c'est bien mon quartier, se dit-il.

Le jeune chat, curieux, se dirigea vers l'endroit où se trouvait cette lumière. En s'approchant, il s'aperçut que c'était une grotte, très profonde. Sur ses gardes, il y entra. Après avoir longtemps marché, il aperçut une pierre gigantesque. Elle était largement plus grande que la tanière dans laquelle il faisait sa sieste. Il la toucha. Mais, soudain, une ombre apparut, et l'attaqua. Moustache se débattit comme il pouvait. Cependant, après quelques secondes de réflexion, la bête se leva, contempla le jeune félin, et contre toute attente, l'aida à se relever et déclara d'une voix tremblante :

— Saluta… ta… ta… tion, Rocher.
— M… Mais qui êtes-vous ? demanda Moustache.
— Vous ne vous rappelez rien, à ce que je vois, lui déclara le chat, visiblement attristé, même peiné.
— Me voulez-vous du mal ? s'écria le félin, apeuré.
— Mais, non, dit le matou, d'une voix douce, cette fois-ci.
— A… Alors qui êtes-vous ? insista l'animal.
— Je suis Galet ; et vous êtes notre chef, dit-il en s'inclinant.
— Vous n'êtes pas l'un des chats sauvages, par hasard, si ?
— Bien sûr que si, nous le sommes, répondit fièrement le chat sauvage, en hérissant son poil pour paraître deux fois plus gros.
— Mais, mais Patt a dit que votre chef était son fils !
— Patt ! Mon père n'est qu'un idiot : J'ai pris le rôle de chef après votre disparition !
— Parce que tu…, et…
— N'en parlons pas ! Tu redeviens notre chef Rocher. Et, je sais que tu t'appelles Moustache, à présent. Le jour où tu as trouvé la pierre, nous étions venus te chercher, lui expliqua Galet.

— Ça, alors ! Quand je raconterai ça à tous mes amis, ils ne me croiront jamais ! Cette pierre a vraiment un pouvoir démesuré si elle peut me faire rencontrer de vrais chats, même dans mes songes.

— Tu ne peux pas leur dire, lui expliqua Galet d'un ton amical.

Le matou lui annonça ensuite qu'il lui avait élaboré un plan d'évasion. L'inconnu précisa qu'il fallait que le jeune animal le retrouve ; de plus, il devrait emmener, avec lui, tous les chats, à l'exception de Patt et Réglisse. Moustache acquiesça (ayant peur de contredire l'autre), mais avant d'avoir pu lui dire au revoir, le soleil lui éblouit les yeux. Ne sachant pas trop quoi penser de son rêve étrange, il se dit qu'il allait quand même essayer de faire la traversée. Mais, il déciderait d'emmener Patt et Réglisse, qui lui avaient caché la vérité. Cependant, il devrait trouver un plan pour les y amener. Il sortit pour se dégourdir les jambes et… chasser, puisqu'il avait très faim.

En sortant de sa demeure provisoire, il repensa une nouvelle fois à son songe. Était-il normal, ou était-ce un vrai avertissement ? Et, ce chat était-il seulement le fruit de son imagination ou était-il bien réel ? Pour la première fois, le félin ne put trouver la réponse. Seul le temps lui apporterait des solutions.

Un plan parfait, mais trouvé par hasard !

Après avoir pris son déjeuner bien en retard, Moustache sortit de sa grotte. La première idée qui lui venait à présent à l'esprit était de prévenir Plip et Perle. En effet, les deux félins étaient les seuls à vivre avec lui, dans son ancien territoire. Il courut vers une des cavernes les plus éloignées. Le jeune chat aperçut alors Perle, qui en sortait. Il se dépêcha, vint la saluer, et l'invita à entrer dans son propre gîte :

— Perle, j'ai fait un songe très étrange à propos d'un chat que je ne connaissais pas. Mais, maintenant que j'y pense, je suis sûr et certain que je l'ai déjà vu quelque part. Il m'a dit qu'il me cherchait et…

— De quoi parles-tu donc, Moustache ?! le coupa la jeune chatte.

— D'un rêve ! Suis-tu donc ?

— Les rêves ne sont *toujours* rien que des rêves, rétorqua-t-elle.

— Mais, je t'assure que celui-là est…

— Idiot ! Si je suis venue là seulement pour ça, eh bien, ça ne vaut plus la peine que je reste ici ! dit-elle en ignorant sa réponse.

Moustache était contrarié. Si déjà Perle ne comprenait pas, alors Plip ! Encore moins ! Cette aventure tournait de plus en plus au cauchemar. Ses deux compagnons ne l'écoutaient pas, Patt et Réglisse lui avaient caché la vérité… Il était hors de lui.

Mais, en même temps, il ne savait vraiment pas quoi faire. Personne ne voulait le croire. Il devait pourtant trouver un moyen de les ramener sur leur ancien domaine ! Il devait forcément y avoir un moyen. Même s'il était réveillé depuis peu, il voulait absolument trouver une nouvelle fois le sommeil pour apporter des réponses à ses questions. Sinon, quel était l'intérêt du potentiel de la pierre. Il se roula en boule en tapant sur le sol, contrarié.

Cela faisait des heures qu'il patientait. Pourtant le sommeil ne venait toujours pas. Perdant patience, il se leva. Moustache se dépêcha de sortir de sa tanière et d'aller faire un tour à l'extérieur. Il marcha encore et encore jusqu'à ce qu'il trouvât un obstacle. Un énorme mur se dressait devant lui. Or, il n'y avait rien de ce genre dans leur campement. Il s'était perdu !

Alors qu'il s'apprêtait à suivre les traces qu'il avait laissées, il remarqua que le soleil commençait déjà à disparaître derrière les arbres. Il avait dû marcher si longtemps !

Mais, soudain, le jeune félin fut alerté par plusieurs odeurs. Il reconnut bien vite l'odeur de Réglisse ; puis celle d'Ario. Et celles de tous ses compagnons ! Enfin, ses yeux, qui étaient voilés par le désespoir, s'illuminèrent. Il avait enfin trouvé un moyen de les amener vers leur ancien territoire ! En effet, ils penseraient que Moustache s'était égaré et ils le suivraient pour le retrouver ! Du moins, pour un moment. Il continua donc sa route, en retenant sa joie, pour que ses camarades ne se doutent de rien en flairant l'odeur qu'il laissait sur son passage. Lorsqu'il sauta sur le mur, il sentit qu'il pouvait tout voir. Il aperçut tout d'abord une grotte : celle où ce chien l'avait poursuivi. Et malgré tout, il aperçut une petite ligne à l'horizon : son ancien foyer !

Il essaya de repérer son ancienne demeure, mais elle était invisible, en raison de la distance qui le séparait de chez lui. De plus, il sentait les félins se rapprocher. C'est seulement alors qu'il comprit qu'il préférait vivre dans sa vieille maison, avec les chats sauvages, ou pas. Moustache ne voulait pas vivre sans son maître, ni dans un lieu inconnu, même s'il était avec ses compagnons de toujours.

Il reprit son voyage à vive allure pour que personne ne l'aperçoive. Le jeune chat avait compris que les chats sauvages n'étaient pas dangereux. Ils voulaient simplement le ramener là où devait être sa place. Il s'aperçut qu'il faisait plus sombre maintenant. Le soleil faisait peu à peu place à la lune comme le soir faisait peu à peu place à la nuit. Le félin avait senti que les autres s'étaient arrêtés. Ils devaient être en train de se reposer. Moustache fit halte lui aussi, sachant que sa nuit devait être plus courte que la leur, s'il voulait passer inaperçu. Le sommeil lui vint, cette fois-ci, bien plus vite. En effet, il s'endormit après seulement quelques secondes ; et peu de temps après, il rêvait : Il se trouvait à côté de son ancienne maison. Il vit la silhouette fine d'un chat bondissant pour le rattraper. Le jeune félin avait raison : de plus près, ça ne faisait aucun doute. Le matou qui courait après lui était le frère de Réglisse. Comment s'appelait-il ?.... Ah, oui ! C'était Galet :

— Salutations Rocher, … enfin, je veux dire Moustache, se rappela ce dernier.

— Bonjour Galet, lui répondit joyeusement Moustache en lui frôlant la truffe.

— J'espère que tout va bien pour toi.

— Oui…

— Je voulais juste te dire que tu as fait le bon choix en prenant la décision de retourner chez toi.

— M… M… Mais, comment peux-tu m'observer, et savoir ? ! Est-ce lié à la pierre ?

— Je souhaitais également te poser une question, continua le matou, en ignorant l'interruption de Moustache.

— Oui, bien sûr, répondit Moustache encore sous le choc.

— Pourrais-je venir te rendre visite, quand tu rentreras chez toi ? demanda timidement Galet.

— Évidemment !…

Il voulut continuer sa phrase, mais la silhouette de Galet disparaissait déjà et l'ombre commençait à voiler son regard. Il passa une nuit tranquille et se réveilla peu avant l'aube.

Il se mit sur ses pattes et flaira l'air. Il remarqua que ses compagnons étaient réveillés et allaient bientôt partir, vu leur anxiété. Moustache n'avait pas le temps de faire sa toilette. Il se mit à courir pour distancer encore plus ses poursuivants. Puis, après avoir pris une certaine distance vis-à-vis de ses camarades, il repensa à son rêve. De toute évidence, Galet et ses camarades cherchaient à le prévenir qu'il se devait de rentrer chez lui. Mais, pourquoi ? Quelque chose de grave se passait-il ? Cependant, il se pressa de chasser cette idée de sa tête : les félins de la forêt cherchaient peut-être juste de la compagnie… Le jeune félin éprouva soudain de la compassion pour ces chats sauvages. Ils paraissaient seuls au monde. Il continua alors sa route à pas légers, pensif.

Le chemin du retour

Après avoir marché sans relâche jusqu'à midi, Moustache s'arrêta pour faire une pause déjeuner. En effet, il avait remarqué, en flairant l'air, que ses camarades avaient stoppé leur avancée, sûrement pour chasser. Il s'enfonça dans les bois qui se trouvaient juste devant lui. Le jeune chat reniflait chaque feuille et chaque tronc d'arbre à la recherche de quoi combler son appétit. Il repéra bien vite une odeur de musaraigne. Grâce à son odorat, le félin savait que sa proie ne devait pas se trouver à plus de quelques petits pas seulement. Il s'accroupit et bondit, pattes en avant. Le rongeur l'aperçut, mais c'était trop tard. Moustache l'avait saisi entre ses dents et s'allongea près d'un arbre pour le dévorer. Une fois sa musaraigne engloutie, ce dernier avait encore faim. Cependant, il ne pouvait s'attarder plus longtemps. Il fonça vers la lisière de la forêt. Voyant que les autres étaient encore en train de manger, il prit, cette fois-ci, soin de faire sa toilette. Et seulement ensuite, il reprit sa route.

Moustache cherchait à tout prix une colline, pour vérifier où il se trouvait par rapport à sa vieille demeure. Mais, par malheur, rien. Pas même un endroit où il pourrait se reposer. Cependant, le petit aventurier se souvint soudain qu'il avait déjà traversé ce type de terrain. C'était là où se trouvaient naguère une grotte (qui s'était effondrée à son arrivée) et un terrain sec ; sans parler de la chose étrange qui avait terrorisé le chien. Alors qu'il y réfléchissait, une pensée lui traversa l'esprit. Ses camarades devaient se douter de la route qu'il allait prendre ! Moustache suivait le même chemin qu'ils avaient emprunté lorsque lui et ses camarades étaient en route pour trouver un nouveau foyer ! Il devait absolument changer sa trajectoire, ou ses poursuivants découvriraient sa ruse ! Cependant, il lui fallait d'abord arriver jusqu'au tas de pierres, pour se repérer et changer d'itinéraire. Le félin courut à pleine vitesse, ne s'arrêtant jamais. En milieu d'après-midi, il aperçut enfin la grotte. Il y grimpa, et découvrit le magnifique paysage qui se dressait devant lui. Il y a des semaines, lui et sa troupe avaient contourné ce vaste espace fleuri de tous les côtés. Mais, aujourd'hui, il allait le traverser. Ses amis seraient alors bien déroutés.

Avant de descendre la pente raide, il reprit son souffle. Le jeune chat devait être extrêmement prudent, sinon il pourrait se casser une jambe en traversant cet obstacle ; et si cela arrivait, pour lui, tout serait fini. Tout son voyage n'aurait servi à rien et ses efforts n'auraient pas porté leurs fruits. De plus, il s'imaginait déjà les remontrances que lui feraient Patt et Réglisse. Déterminé, il se concentra et commença à descendre l'éboulis. Sa prudence le récompensa car il arriva sans la moindre égratignure. Des clairières et des forêts peu denses se dressaient à présent devant lui. Le félin voulut remercier la grotte de s'être effondrée, car sinon, il n'aurait pas pu sauter, à cause de la trop grande hauteur qui l'aurait séparé du sol. Puis, il continua paisiblement son chemin jusqu'à ce qu'il s'arrête pour se reposer brièvement. Il avait flairé l'air, mais ne sentait pas encore un seul petit fumet de l'un de ses camarades. Or, il avait un odorat très développé : le meilleur de son ancien quartier. Il s'allongea, en prenant conscience qu'il ne pouvait pas s'endormir. Moustache devait repartir dès que ses pattes se seraient un peu reposées. En attendant ce moment, il regarda la pierre qu'il avait trimbalée depuis son départ. Elle était plus étincelante que jamais. Il savait que les secrets qui lui restaient à découvrir sur ce minuscule roc étaient innombrables. En l'observant de plus près, il constata, à sa grande surprise, qu'elle était d'un bleu transparent. « Encore quelque chose qu'on ne m'a pas révélé ! se lamenta-t-il à voix haute, contrarié. »

Ses pattes étaient encore un peu fatiguées, mais il reprit le chemin du retour. Il sentait maintenant une odeur qu'il connaissait bien : celle de ses poursuivants. Il cavala rapidement jusqu'à la prochaine lisière de forêt. En cette fin d'après-midi, l'air doux et frais venait lisser sa fourrure sale et emmêlée. Les pas de Moustache commençaient à devenir lourds : il commençait à se fatiguer. Il se retourna et renifla les alentours. Il reconnut bientôt le parfum de ses camarades. Leur avancée était lente et le jeune chat cala son rythme sur la leur. En avançant de quelques pas, il remarqua la vraie lenteur de leurs déplacements : ils devaient être vraiment épuisés. Ses amis et compagnons n'allaient pas tarder à aller dormir. Il se coucherait donc en même temps que ces derniers ; et cette fois-ci, il pourrait se reposer plus longtemps car il était sûr que ses poursuivants étaient bien trop fatigués pour se réveiller de bonne heure.

Une nouvelle camarade

Cette nuit-là, Moustache ne fit aucun songe. Cependant, à son réveil, il était plus agité que jamais. Sa nuit avait été longue et il voulait à tout prix se dégourdir les jambes. Il voulait se mettre en route le plus vite possible. Mais, il devait d'abord vérifier si ses poursuivants étaient réveillés. Le petit chat tigré était sûr et certain qu'il avait de l'avance, mais il ne voulait pas non plus trop distancer ses compagnons, pour que ceux-ci ne perdent pas sa trace. Il se retourna et flaira l'air. Comme à son habitude, il distinguait une multitude d'odeurs inconnues. Puis, rapidement, il sentit un tout léger parfum de chats : ses amis. Ils avançaient très calmement dans la verdure. Mais, Moustache se doutait que malgré leur lenteur, ils n'abandonneraient jamais. Il savait aussi que Patt et Réglisse devaient être terrifiés. Ils se doutaient peut-être qu'il avait découvert leur tromperie. Le jeune chat marchait toujours dans la douce herbe de cette forêt. Il pouvait presque sentir le bruit du vent sur sa fourrure.

Le soleil allait à présent commencer à descendre. Moustache s'arrêta pour faire une pause. Il avait ainsi l'occasion de chasser. Il s'éloigna un peu de la trajectoire qu'il devait suivre et sentit rapidement un mulot. Mais, le félin distingua également une autre odeur : celle d'un chat ! Cependant, il se rassura vite. Ce n'était pas celle de ses camarades. En l'apercevant, il vit qu'il s'agissait d'une chatte domestique, comme lui, pas une sauvage. Elle ne devait sûrement pas vivre très loin, ce qui signifiait qu'il allait bientôt quitter cette forêt. Soudain, elle s'arrêta et le dévisagea. Moustache s'approcha pour la rencontrer :

— Salutation, commença poliment Moustache.
— Bonjour, répondit l'autre, qui ne semblait pas vouloir engager la moindre conversation.
— D'où viens-tu, demanda le jeune chat, intrigué.
— Mes maîtres appellent l'endroit d'où je viens : la campagne-sous-buissons.
— Quel nom ridicule ! s'exclama Moustache.

La chatte baissa les yeux. Visiblement, soit elle n'appréciait pas sa moquerie, soit elle n'aimait guère cette ville sans aucun charme. Cependant, Moustache n'osa pas l'interroger. Mais, contre toute attente, elle commença :

— Je hais cet endroit, siffla-t-elle comme pour elle-même. La nourriture de mes maîtres reste toujours des jours et des jours. C'est insupportable. La nuit, ceux-ci m'enferment dans leur maison. De plus, leur logis empeste. Et quand je peux sortir, je ne peux rien faire puisqu'ils me surveillent. C'est insupportable, cracha-t-elle encore.
— Comment un chat peut-il vivre ici ? !
— Je voudrais m'enfuir, mais j'ai peur que mes maîtres ne me voient et ne me ferment la porte pour toujours.
— Si tu veux partir, alors viens.
— Hein ? ! Mais où irons-nous… et si mes maîtres me démasquent ? !
— Mais voyons, chez moi : avec mon maître, tu pourras sortir quand tu voudras, tu pourras respirer la merveilleuse odeur des fleurs et je suis sûr qu'il t'acceptera chez nous. De plus, je pense que les tiens sont occupés à manger, tu pourras donc t'enfuir.

Soudain, le visage de la féline s'éclaircit. Après l'avoir remercié, elle regarda sa maison, se retourna et avança avec lui en direction de la prochaine prairie. Il leur fallait à présent accélérer. En effet, les compagnons de Moustache avaient sûrement repris leur poursuite. En flairant l'air, il s'aperçut qu'il avait raison. Il continua donc lui aussi sa route en direction de son territoire, en indiquant à sa nouvelle camarade le chemin à suivre. Moustache était d'ailleurs très étonné qu'elle lui ait fait confiance si rapidement. Il décida qu'il fallait lui raconter son escapade. Le jeune chat commença donc le récit de ses problèmes.

Informations hors chapitres

Après avoir rencontré la jolie chatte domestique qui vivait près de la forêt, Moustache avait appris à la connaître. Elle s'était également présentée à lui sous le nom de Pluie. Puis le jeune chat avait commencé le récit de sa vie : il lui avait décrit l'endroit où il habitait jadis ainsi que ses étranges rêves. Le félin lui avait tout aussi fait part de la tromperie de Patt et de Réglisse. Elle l'aida même à anticiper leur retour sur l'ancien territoire de Moustache. D'ailleurs, ce dernier lui en était très reconnaissant. En effet, il chassait chaque jour pour elle, car après avoir constaté qu'elle n'en était pas du tout capable, il avait décidé de la gâter. Le petit matou commençait vraiment à l'apprécier.

Une longue semaine avait passé depuis leur rencontre et ils allaient bientôt arriver à destination.

Le quartier est en vue !

Pluie et Moustache marchaient lentement en direction de leur territoire. En effet, leurs poursuivants étaient déjà partis se coucher. Mais, les deux félins, eux, n'étaient pas du tout fatigués. Au contraire, ils avaient passé leur temps à trottiner toute la journée et voulaient un peu s'amuser. Cependant, ils se rendirent bien vite compte qu'ils devaient aller dormir. Sinon, leur prochaine journée serait épuisante. Ils trouvèrent rapidement un petit coin pour se reposer. Des feuilles mortes étaient éparpillées ici et là et les branches d'un grand chêne leur servaient de toit. Moustache trouva cela un peu étonnant :

— Comment se fait-il qu'un chêne pousse dans une prairie ? demanda-t-il à Pluie.
— Il est vrai que c'est très étonnant, répondit celle-ci.

Sur ce, ils s'allongèrent. Le vent balayait tout doucement leur fourrure, et le bruit et craquement des feuilles d'automne accumulées autour du grand chêne, apaisaient Moustache. Il entendit aussi une chouette, hululant au loin. Puis, il ferma les yeux et plongea dans un profond sommeil.

Le félin rêvait. Il se trouvait dans sa sombre tanière, là où Patt les avait amenés. Cependant, il n'y voyait personne. Mais, soudain, Galet, qu'il avait tant de fois vu dans ses rêves, apparut. Sa longue fourrure brillait dans la nuit et ses prunelles le fixèrent. Son regard était plein de bonté et, après avoir contemplé Moustache une dernière fois, il disparut. Le jeune chat en resta un instant bouche bée. Il ne se doutait pas une seule seconde qu'il rêvait (même s'il voyait le chef des chats sauvages uniquement dans ses rêves, grâce au pouvoir de la pierre scintillante). Puis, il avança tout doucement vers l'endroit où il avait vu Galet pour la dernière fois. Il remarqua des touffes de fourrure qui lui appartenaient sûrement. Il les contempla longuement. Ces belles petites touffes grises étaient à peine visibles, alors que, sur son pelage, elles étincelaient de mille feux. Le félin se rappela alors la dernière fois qu'il l'avait vu. Galet voulait absolument le revoir et il souhaitait qu'il vienne vivre avec les chats sauvages. Cependant, il avait évoqué une autre possibilité. Le chat qui se trouvait si souvent dans ses songes lui avait demandé s'il pouvait lui rendre visite. Moustache, bien qu'étonné, avait tout de suite accepté. Mais, se pouvait-il que ce soient des rêves spéciaux. Les rêves n'étaient toujours rien que des rêves, comme le disait si bien Perle. Mais, ce petit rocher, il en était sûr, possédait des pouvoirs inimaginables. C'était d'ailleurs peut-être pour cela que les chats sauvages lui avaient donné le nom de « Rocher » : parce qu'il était totalement fasciné par la pierre. Il se pouvait aussi que Réglisse ait averti Patt ; peut-être qu'il avait peur que cette pierre soit dangereuse…

Le lendemain matin, il se réveilla de bonne heure, tout comme Pluie. Cette dernière était déjà en train de faire sa toilette. Il se dépêcha lui aussi de faire la sienne et alla la saluer joyeusement, en lui léchant une oreille. Puis, Moustache flaira l'air. Il remarqua que ses compagnons se réveillaient peu à peu, mais certains dormaient encore. D'un petit miaulement aigu, il invita sa nouvelle camarade à le suivre. Elle se mit à côté de lui et ils commencèrent leur trajet en gambadant dans l'herbe douce de la prairie. Après quelques heures de marche, ils s'arrêtèrent pour chasser. Moustache décida, pour la première fois, d'amener Pluie avec lui pour lui apprendre quelques petites techniques de chasse.

Puis, pour la récompenser de son effort, il attrapa pour elle deux souris dodues. Quant à lui, Moustache se contenta d'un mulot. Après leur déjeuner rapide, ils reprirent leur route. Bien vite, les deux félins aperçurent une colline. Ils se précipitèrent d'y grimper, pour vérifier leur avancée mais aussi, admirer le paysage. En le scrutant, Moustache déclara solennellement à Pluie : « Voici notre nouveau terrain de divertissement : mon ancien, et maintenant notre nouveau territoire. »

La féline contempla le paysage et ses yeux brillèrent, tant elle était émerveillée. Elle commença à ronronner, et il l'invita à descendre la petite colline. Enfin, après si longtemps, il était de retour chez lui.

Retrouvailles

Pluie et Moustache descendirent la colline. Des étincelles brillaient toujours dans les yeux de la chatte. Moustache, lui, était ébahi. Tout avait changé. En plein milieu de son territoire régnait désormais une rivière, la même qu'il avait aperçue dans son rêve. Elle puisait sa source dans une petite montagne située à quelques kilomètres, sûrement. Le jeune chat s'imaginait déjà en train de courir le long de cette grande flaque d'eau. Mais, reprenant ses esprits, il indiqua à Pluie le chemin à suivre. Ils firent quelques pas, et s'arrêtèrent au bord de cette rivière :

— Saute Pluie, lui dit calmement Moustache.

— Ne devrions-nous pas plutôt vérifier où sont nos poursuivants ? demanda Pluie.

Moustache avait complètement oublié de flairer l'air ! Cependant, en gardant son calme, le félin hocha la tête et renifla. Il sentait une vague odeur de chats qui approchaient peu à peu. Il s'agissait sans aucun doute de ses camarades, mais ils étaient très loin. De toute façon, Pluie et lui étaient presque arrivés. Il ne leur restait plus qu'à franchir la rivière et à traverser le chemin qui menait jusque chez lui.

Voyant que Pluie avait déjà franchi le cours d'eau, il se dépêcha lui aussi de sauter par-dessus. Puis, il montra à sa nouvelle amie le chemin à suivre.

Après quelques minutes de marche seulement, ils aperçurent enfin la maison de Moustache. Ce dernier redécouvrit, avec joie, sa petite porte blanche : « Par-là, Pluie, dit-il. » La jeune chatte, impatiente, entra. Le jeune chat accourut peu après et poussa un fort miaulement :

— Moustache ? !
— Miaou, répéta le félin !
— Moustache, c'est bien toi ! répondit une voix.
— Prrrr, ronronna celui-ci.

Il s'agissait du maître de Moustache. Visiblement, il était très heureux et soulagé de le revoir. Alors, le chat désigna de sa longue queue Pluie. Son propriétaire comprit aussitôt et se mit à caresser la chatte. Un long moment s'écoula quand il déclara enfin : « Quelle belle et mignonne petite chatte blanche… J'imagine que ça ne te dérangera pas d'avoir une nouvelle colocataire, Moustache. »

Puis, il prit les deux félins dans ses bras et les amena sur le canapé. Ensuite, il les couvrit d'une couverture toute propre et douillette et leur amena une grande gamelle pleine de croquettes et une autre, pleine d'eau. Moustache se souvint alors de Plip et de Perle. Son maître devait sûrement être bien déçu qu'ils ne soient pas revenus. Cependant, il savait qu'ils reviendraient vite et que Patt et Réglisse seraient démasqués. Le plan de Moustache se déroulait à merveille. Lorsque les autres s'apercevraient qu'il n'y avait pas le moindre danger dans leur quartier, ils se retourneraient contre les deux doyens. Le jeune chat se rappelait aussi que Galet viendrait bientôt lui rendre visite. Il devrait donc aller jusqu'à sa grotte pour le prévenir de son retour. Mais, pour le moment, il devait faire sa toilette, ainsi que celle de Perle avant d'aller se reposer. Son trajet l'ayant complètement épuisé, il devait un peu se détendre.

Après avoir lissé sa fourrure, ainsi que celle de son amie, il se roula en boule et s'endormit rapidement. Il savait que, le lendemain, une longue et difficile journée commencerait. Tout allait devenir plus clair pour les chats sauvages, ses compagnons, pour lui et pour Patt et Réglisse. Ce serait sans aucun doute la plus excitante et importante journée de sa vie. Enfin, chassant ces pensées de sa tête, il plongea dans un profond sommeil.

La grotte des chats sauvages

Le lendemain matin, Moustache se réveilla de bonne heure car une longue journée l'attendait. Pluie, elle aussi, était déjà sur ses pattes. Tout d'abord, le jeune félin se dirigea vers sa gamelle de croquettes. Elle avait été garnie copieusement, pour une fois. Son amie, Pluie, dévorait la sienne comme une lionne affamée. Puis, il l'invita à sortir par sa petite porte blanche. Moustache se dirigeait vers la grotte où résidaient les chats sauvages.

Ils traversèrent le chemin et arrivèrent comme prévu près de la rivière. Ensuite, ils la longèrent jusqu'à ce qu'ils arrivent dans une petite forêt. Le jeune chat connaissait le trajet par cœur : il avait de nombreuses fois emprunté le même chemin pour se rendre dans la même grotte, dans ses rêves. Cependant, il doutait toujours de son existence. Ils arrivèrent rapidement à l'entrée de l'imposant rocher. Moustache, voyant que Pluie était sur ses gardes, la rassura :

— Ne t'inquiète pas Pluie, la réconforta-t-il.

— Je ne m'inquiète pas, je suis terrifiée ! rétorqua-t-elle avec humeur.

— Tout se passera bien, la rassura le félin.

Ils entrèrent dans la grotte. Les deux animaux s'habituèrent vite à la pénombre. Soudain, une voix retentit :

— Bonjour, jeunes félins, dit la voix.

— B, b, b, bonjour, dit Pluie d'une voix timide.

— Salutations, répondit poliment Moustache.

— Je vais vous conduire dans notre tanière où vous pourrez expliquer à Galet ce que vous faites ici.

— Tu connais ce chat Galet ? chuchota Pluie à Moustache.

— Oui, je l'ai déjà rencontré, mais mieux vaut le laisser croire que non, rétorqua-t-il.

Après quelques minutes de marche, ils arrivèrent dans une pièce lumineuse. Moustache avait emmené sa pierre avec lui. Quand le moment serait venu, il la montrerait à tous les chats qui habitaient en cet endroit. Leur guide s'avança et s'inclina devant Galet :

— Galet, je t'apporte deux jeunes félins qui se sont égarés.

— Bien, répondit celui-ci.

— Avancez, dit leur guide, d'une voix forte.

Moustache regarda l'assemblée. Il se rappelait que Filou avait mentionné une vieille chatte qui avait mené des patrouilles de recherches pour le retrouver. Il l'aperçut bientôt au milieu de la foule. Leurs regards se croisèrent. Soudain, Galet lança : « Nous allons vous faire prisonniers. »

Mais, contre toute attente, la vieille chatte lança :

— Attendez ! cria-t-elle.

— Que veux-tu, Tachette ? lui demanda Galet, d'un ton agacé.

— L'un des visiteurs est Rocher ! lança-t-elle de toutes ses forces.

— Est-ce vrai ? demanda Galet à Moustache.

Mais, même avant que le jeune félin n'ait eu le temps de montrer sa pierre, Galet le reconnut et lui lança un regard signifiant : « Je suis désolé d'avoir douté. » Cependant, pour convaincre l'assemblé, le félin dévoila sa pierre luisante au soleil. Le regard de Galet s'éclaircit alors deux fois plus qu'il ne l'était déjà et il annonça solennellement : « C'est effectivement Rocher ! »

Beaucoup de miaulements suivirent sa déclaration. Au milieu de toutes ces clameurs, Galet invita Moustache à le suivre.

L'invitation

Moustache, Pluie et Galet se rendirent dans une autre pièce de la grotte. Il y faisait plus sombre, mais le chat percevait parfaitement toutes les pierres brillantes qui étaient éparpillées de part et d'autre. Galet l'invita à s'approcher et déclara :

— Bonjour Rocher, enfin Moustache, se reprit-il, comme d'habitude.

— Bonjour, Galet, comment vas-tu ? demanda Moustache.

— Bien, merci, et toi ?

— Je vais bien, moi aussi.

— Ton trajet s'est-il bien passé ?

— Oui, parfaitement, répondit-il.

— Je suis content de l'apprendre. Je voudrais également te pardonner, au nom des chats sauvages, pour ce qui s'est passé tout à l'heure.

— Merci, Galet ; je souhaiterais te faire une proposition, si, bien sûr, tu me le permets.

— Je t'écoute avec le plus grand des plaisirs, Moustache, dit-il d'une voix calme.

— Tu voulais me rendre visite, n'est-ce pas ?

— Effectivement, répondit celui-ci, mal à l'aise, mais, avec cependant une pointe d'espoir.

— Alors, je t'invite avec tes camarades à venir chez moi, ce soir, annonça fièrement le félin.

— Je te remercie Moustache, du plus profond du cœur, répondit Galet d'une voix sincère.

À présent, les yeux de Galet étincelaient comme la lune au milieu de la nuit, même s'il avait répondu calmement. Après cette courte conversation, le jeune félin invita Pluie à le suivre. Ils saluèrent, d'un signe de tête, les chats qui les avaient accueillis et sortirent de la grotte.

Après quelques minutes de marche, ils arrivèrent chez eux. Moustache flaira l'air. Il sentit l'odeur fraîche de ses compagnons. Le jeune chat se dépêcha d'entrer. Il devait à présent élaborer une stratégie car il savait qu'en arrivant près de sa maison, les chats solitaires apercevraient ses camarades qui rôdaient autour de chez lui. Le félin devait faire en sorte que la situation reste calme. Après tout, il était le chef des chats sauvages. Cela signifiait que ceux-ci tiendraient compte de son avis et l'écouteraient si la rencontre tournait mal. Le chat se rendit alors compte qu'un plan ne servirait à rien et alla se coucher à côté de Pluie, qui était déjà endormie. Cependant, il ne comptait pas du tout dormir. Moustache voulait reposer ses pattes endolories.

Après quelques minutes, il se leva. En effet, il avait vraiment très faim. Le jeune chat miaula pour que son maître lui apporte son bol de croquettes. Rapidement, ce dernier le lui prépara et

Moustache dévora en quelques instants toutes ses délicieuses friandises. Puis, il alla réveiller Pluie, qui dormait toujours, et l'invita à aller manger son récipient. Elle ne prit qu'une seule croquette et repartit se coucher. Le félin, lui aussi, était fatigué. Il se dirigea vers le canapé où il s'endormit rapidement.

Moustache se réveilla au bout de longues heures de sommeil. À présent, les solitaires allaient bientôt venir. Le jeune chat se posta devant sa petite porte blanche et regarda à travers. Il aperçut les chats sauvages, mais aussi ses compagnons ! Les deux groupes semblaient en pleine conversation. Soudain, il sursauta en entendant Pluie arriver. Il la laissa voir ce qui se passait et puis, d'un mouvement de la queue assez inattendu, la chatte l'invita à sortir. Moustache hésita un instant, mais finit par hocher la tête. Il sortit de chez lui et s'assura que sa nouvelle amie le suivait. Il ronronna un instant avant d'ordonner d'un ton ferme et fort : « Arrêtez, ça suffit comme ça ! ».

Le débat

Juste après l'appel de Moustache, Filou s'écria : « Attention, Moustache, les chats sauvages ! »

Moustache le foudroya du regard, puis un grand silence se fit. Mais au bout de quelques instants, Galet siffla à l'intention des compagnons de quartier de Moustache : « Comment osez-vous nous accuser ?! » déclara-t-il, outré. Moustache le fit taire d'un mouvement de la queue, puis lança d'un ton ferme : « Silence ! ». Ses camarades le regardèrent, ébahis. Quand la situation redevint calme, Ario s'exclama : « Pouvez-vous m'expliquer ce qui se passe ?! »

Galet prit alors la parole : « Pose cette question à Patt, et tu obtiendras ta réponse ! » dit-il en montrant les crocs. Tous les yeux se tournèrent alors vers Patt. Celui-ci déclara :

— Nous sommes simplement venus retrouver Moustache, dit-il en regardant le chat d'un regard mauvais, en sifflant et feulant.

— Assez ! cria Moustache de toutes ses forces.

— Je ne t'ai pas donné la parole, jeune félin, rétorqua Patt.

— Je n'ai pas besoin d'avoir ton autorisation, mais, toi, si ! hurla-t-il en montrant ses dents pointues.

— Comment oses-tu ?! rétorqua ce dernier.

— Ce chat nous a tous trompés ! dit-il en ignorant l'indignation de son aîné.

Les miaulements de ses camarades fusèrent. C'est alors que Galet déclara : « C'est ça que nous essayons de vous dire depuis le début ! ».

Mais les cris ne cessèrent pas. Moustache était en colère. Pour faire calmer l'assistance, une nouvelle fois, il lança :

— Taisez-vous !

Puis, le félin fit signe à Patt et à Réglisse de s'approcher. À présent, des chuchotements reprirent : « Réglisse était avec Patt, est-ce vrai ? ». Tous furent choqués lorsque Réglisse soupira : « Heah, oui ».

Et, pour empirer les choses, Patt annonça : « Nous vous avons éloignés d'ici parce que Réglisse ne voulait plus voir son frère Galet, mais, Moustache a tout gâché ! ».

Cependant, à la surprise générale, Réglisse lança à son père :

— Comment peux-tu trahir notre secret ?!
— J'imagine parce que tu l'as déjà fait, soupira Patt.

Les compagnons de Moustache s'écrièrent alors : « Il faut chasser ses deux chats, avant que leur folie ne nous contamine ! Ils nous ont écartés d'ici pour leur propre bien, pas pour le nôtre ! ». D'autres miaulèrent aussi :

— Oui, il a raison !

Alors, sans même un au revoir, Patt et Réglisse s'en allèrent, chacun de leur côté. Le matou constata qu'ils gardaient quand même la tête haute : ils refusaient d'admettre leur défaite !

Après quelques minutes, le calme revint. Moustache expliqua tous ses rêves à ses compagnons, ainsi que sa rencontre avec Pluie. Puis, les chats se souhaitèrent bonne nuit et repartirent vers leurs maisons respectives. Le jeune chat avait hâte d'annoncer le retour de Plip et de Perle à son maître. Les quatre chats (Moustache, Pluie, Plip et Perle) cheminèrent ensemble jusqu'à la petite porte blanche de Moustache, puis, rentrèrent chez eux. Aussitôt le félin entrevit son maître qui était assis sur le canapé, et miaula pour annoncer son retour. Celui-ci se retourna, et aperçut non seulement le jeune chat et son amie, mais aussi les deux autres disparus. Il se mit à sauter de joie et prit tous les félins dans ses bras. Puis, il alla chercher quatre bols où il déposa de grandes quantités de croquettes. Plip et Perle dévorèrent leurs friandises très rapidement ; cela faisait des mois qu'ils n'avaient pas mangé à leur faim. Quant à eux, Pluie et Moustache en mangèrent très peu. Puis, ils allèrent se coucher dans leur nid : Plip et Perle sautèrent sur un fauteuil et Pluie et Moustache, sur le canapé. Mais, soudain, juste avant de s'endormir, le jeune chat remarqua que le ventre de la chatte avait doublé. C'était très étrange car elle ne mangeait presque pas. De plus, elle était toujours fatiguée et marchait maladroitement. Il n'y avait donc qu'une seule explication possible : Pluie attendait des chatons ! Cela expliquait parfaitement son comportement et ses actions ! Puis, le félin redressa sa tête, et comme si elle lisait dans ses pensées, la chatte hocha la tête.

Les chatons arrivent à grands pas !

Quelques mois avaient passé depuis le départ de Patt et de Réglisse. Depuis que le maître de Moustache avait compris que Pluie attendait des chatons, il l'avait emmenée des dizaines de fois chez le vétérinaire. À présent, la chatte se reposait sur le canapé du salon, toujours suivie de près par Moustache qui veillait au grain. Pluie ne se déplaçait pas non plus pour manger. En effet, son maître lui apportait toujours un bol de croquettes le matin, le midi, et le soir. Cependant, une fois par jour, la jeune chatte pouvait tout de même se dégourdir les jambes. C'était à ce moment de la journée que les chats du quartier se réunissaient pour leur discussion quotidienne (ils avaient maintenant décidé de se rassembler tous les jours).

C'était l'heure de manger. Moustache miaula pour que son maître lui apporte son bol de croquettes habituel ainsi que celui de Pluie, Plip et Perle. Pluie mangea seulement quelques friandises, mais en revanche, Moustache et les autres dévorèrent rapidement toutes leurs croquettes. Puis, le maître du félin leur ouvrit leur petite porte. Plip et Perle sortirent à toute vitesse et miaulèrent de toutes leurs forces pour que tous les chats du quartier les entendent au cas où ils auraient oublié le rassemblement quotidien. Moustache, quant à lui, aida Pluie à descendre du canapé. De toute évidence, il faudrait bientôt à la chatte un panier posé à terre. Cependant, il y avait des choses plus importantes à faire maintenant.

Les deux chats passèrent par la porte et se retrouvèrent au milieu du jardin. Presque tous les chats étaient déjà arrivés. Il ne manquait plus que Pâquerette, qui les rejoignit aussitôt.

Moustache s'écria donc : « Que les discussions commencent ! ». Tous les chats se mirent à débattre entre eux. Ario était en pleine conversation avec Filou et Pâquerette. Plume dialoguait avec Plip, Nuage et sa fille, Doucette. Moustache, lui, écoutait encore une anecdote interminable de Chaussette, en compagnie de Pluie et de Perle.

C'était presque la fin des conversations. Les chats s'étaient séparés, à présent. Ils se dirent au revoir et retournèrent chez eux.

De retour dans leur maison, Moustache, Pluie, Plip et Perle sautèrent sur le canapé. Ils voulaient à tout prix se reposer. En effet, ce rassemblement avait été plus long que les précédents. Tous les chats étaient donc épuisés. Ils fermèrent rapidement leurs yeux et s'endormirent.

Moustache rêvait qu'il se trouvait dans une forêt. Partout autour de lui poussaient de grands arbres. Le félin flaira l'air. Il sentit rapidement une souris qui grignotait de petites graines. Il s'approcha à petits pas et bondit. Mais, la souris avait été plus rapide que lui et s'enfuit dans son trou. Pourtant, le jeune chat ne se découragea pas et continua à renifler. Soudain, il entendit le cri très aigu de Pluie et se réveilla.

La mise bas ne devait plus être très loin ! Il miaula de toutes ses forces et son maître accourut rapidement. Ce dernier mit Pluie dans une cage et Moustache dans une autre. Puis, en courant, il sortit de chez lui et déposa soigneusement les deux cages dans un énorme engin. Le jeune chat s'était toujours demandé de quoi il s'agissait. Soudain, la machine se mit à faire de grands bruits. Puis, elle avança.

Moustache se doutait déjà de la destination : ils allaient encore chez le vétérinaire.

Une nouvelle aventure se prépare…

Moustache, Pluie, Plip et Perle étaient allongés sur le canapé. Depuis leur retour de chez le vétérinaire, Pluie prenait chaque matin des sortes de pilules. En revanche, elle n'avait plus le droit de sortir. Les chats du quartier se réunissaient donc sans elle. Mais, pour elle, peu importait. De toute façon, son compagnon lui racontait toujours plein d'histoires à propos des rencontres.

C'était d'ailleurs l'heure d'aller les retrouver. Moustache passa par sa petite porte blanche. Cette fois-ci, c'était un rendez-vous particulier car il avait invité les chats sauvages. Ceux qui s'étaient déjà présentés commencèrent à discuter. Puis, peu à peu, tous les félins se réunirent.

C'était presque la fin du débat quotidien. Les chats commençaient à se séparer. Moustache retourna donc chez lui. Mais, bizarrement, quand il entra, le silence régnait. Il regarda de tous les côtés et aperçut soudain Pluie en compagnie de leur maître. Ce dernier avait recueilli trois petites boules de poils minuscules : ses chatons ! Puis, son maître les reposa contre leur mère. Moustache se précipita à sa rencontre : il flaira les chatons un par un, jusqu'à ce qu'il s'habitue à leur odeur. Ensuite, il s'allongea à côté de Pluie et s'endormit.

Quand il se réveilla, Pluie était en train de laver ses chatons avec sa langue râpeuse. Le jeune félin tourna la tête vers elle et lui demanda :

— Les as-tu déjà baptisés ?

— Oui. Le petit mâle s'appelle Bourgeon, la petite chatte s'appelle Églantine et l'autre petit mâle a pour nom Soleil, répondit gaiement celle-ci.

— Ce sont de merveilleux prénoms, déclara Moustache, ému.

Moustache se concentra à présent sur la fourrure des chatons. Soleil avait un pelage doré. C'était un chat robuste avec de puissantes pattes avant, et, comme son nom l'indiquait, son pelage reflétait le Soleil. Bourgeon, lui, était gris tigré. Lui aussi semblait être un chat robuste, contrairement à sa sœur, Églantine, qui possédait un pelage blanc, doux et soyeux.

La nuit approchait. Les chatons allaient bientôt s'endormir. Soudain, Moustache surprit une grande discussion entre Plip et Perle. D'un mouvement de la queue, il leur indiqua les chatons qui commençaient peu à peu à fermer leurs petits yeux. Les deux félins comprirent et se turent un instant, avant de reprendre leur dispute, en chuchotant, cette fois-ci. N'entendant presque plus de bruits, le jeune chat s'allongea à côté des chatons pour leur tenir chaud. Enfin, il s'assoupit.

Moustache rêvait. Il se trouvait dans une grotte sombre, qui lui rappelait celle de Galet. En revanche, le sol était marécageux. Le félin se mit à avancer tant bien que mal vers le fond de l'amas rocheux. Il fut surpris d'y découvrir Tachette, la vieille chatte qui était venue le chercher, autrefois. Puis, elle le regarda et annonça :

— Un chat au pelage luisant contrôlera le pouvoir de la pierre qui étincelle comme lui. Il présidera, tout d'abord, les réunions de ton quartier, puis, il commandera tous tes compagnons. Il sera le seul capable de nous protéger face aux difficultés à venir. Souviens-toi de ce que je viens de te dire, Moustache, car cela te servira, déclara-t-elle.

Moustache aurait voulu l'interroger sur ce qu'elle avait dit, mais tout disparut brusquement autour de lui. Comme la chatte avait dit « nous », cela signifiait que les chats sauvages seraient à leurs côtés. Mais, le félin se posait des questions : qui était le félin au pelage luisant qui contrôlerait la pierre luisante ? Était-ce un de ses chatons ? Le chat avait déjà reçu des rêves prémonitoires envoyés par les chats sauvages (et plus particulièrement par Galet) et ils avaient toujours été spéciaux. Alors, quels étaient les secrets qui lui restaient à découvrir sur cette fameuse pierre luisante ?

À SUIVRE...

Lightning Source UK Ltd.
Milton Keynes UK
UKHW020307180321
4106UKFR00007B/100

9 791020 338921